LIVRE D'ACTIVITÉS DE NOËL POUR LES ENFANTS DE 4 À 8 ANS - UN LIVRE MERVEILLEUSEMENT DIVERTISSANT

AVEC DES LABYRINTHES, JEUX DES ERREURS, RELIER LES POINTS, COLORIAGES, ET BEAUCOUP PLUS !

FUNKEY BOOKS

Toc toc toc, père Noël frappe à la porte !
Un chaleureux bonjour ______________!

(écris ton nom ici)

Merci d'avoir choisi notre livre d'activités de Noël. Nous pouvons te promettre que ça sera très plaisant et divertissant. Dans ce livre tu trouveras six genres d'activités autour du thème de Noël. Ils fonctionnent comme suit :

1. Colorie l'image !
Tu vas réussir ! :-)

2. Il est temps de traverser le labyrinthe !
Attention, ne te perds pas. Trace une ligne du départ jusqu'à la sortie.

3. Relie les points !
Prends ton crayon et relie les points l'un à l'autre dans le bon ordre.

4. Compléter l'image !
Ces pages ont besoin de la couleur et de vie : On y va !!!

5. Trouve les différents symboles !
Tu es l'assistant du Père Noël et tu dois l'aider à résoudre quelques questions fascinantes.

6. Trouve les 10 erreurs !
Il y a deux photos soi-disant identiques. Mais il y a dix différences cachées. Peux-tu les trouver ?

Tu trouves les solutions pour les jeux 2, 5 et 6 à la fin du livre. Mais pas tricher ! :-)

Voilà, nous te souhaitons beaucoup de joie avec les jeux, la coloration et le bricolage !

Allons-y !

Colorie les cadeaux de Noël !

Traverse le labyrinthe du départ jusqu'à la sortie !

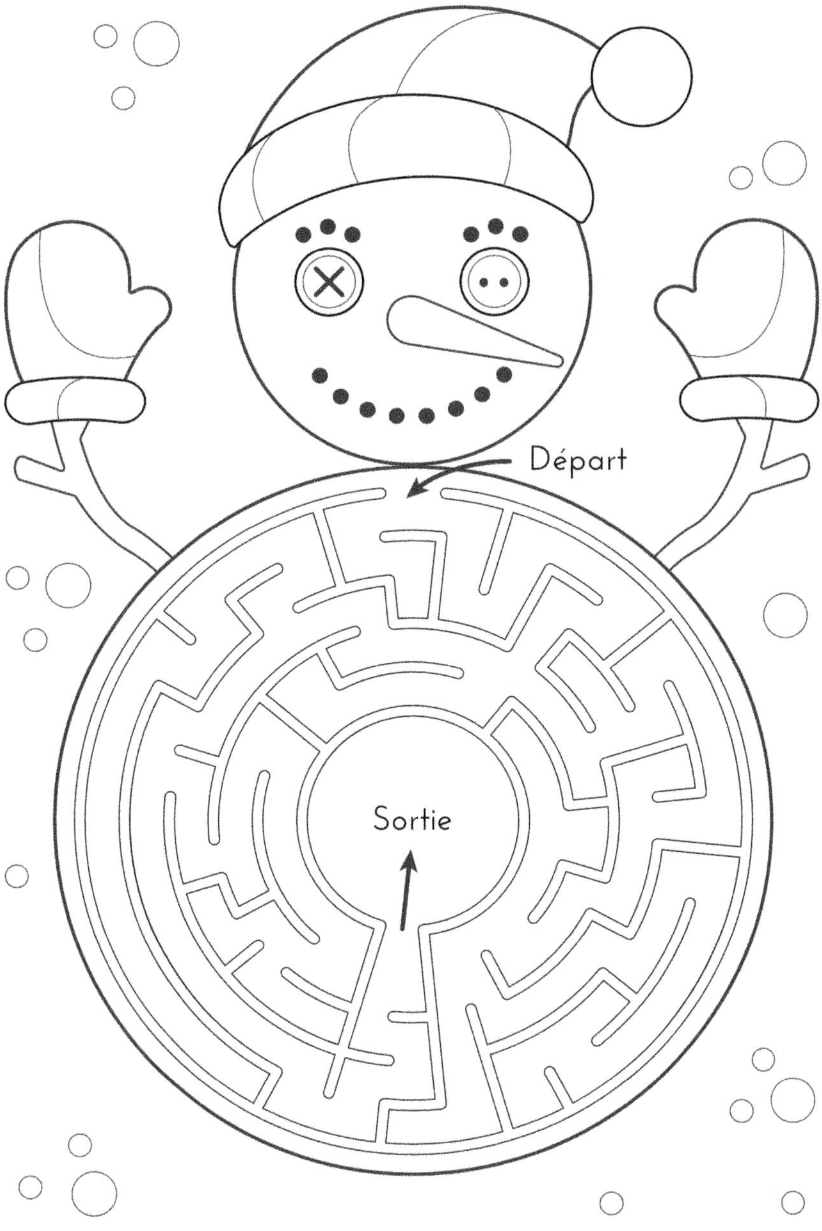

Relie les points !

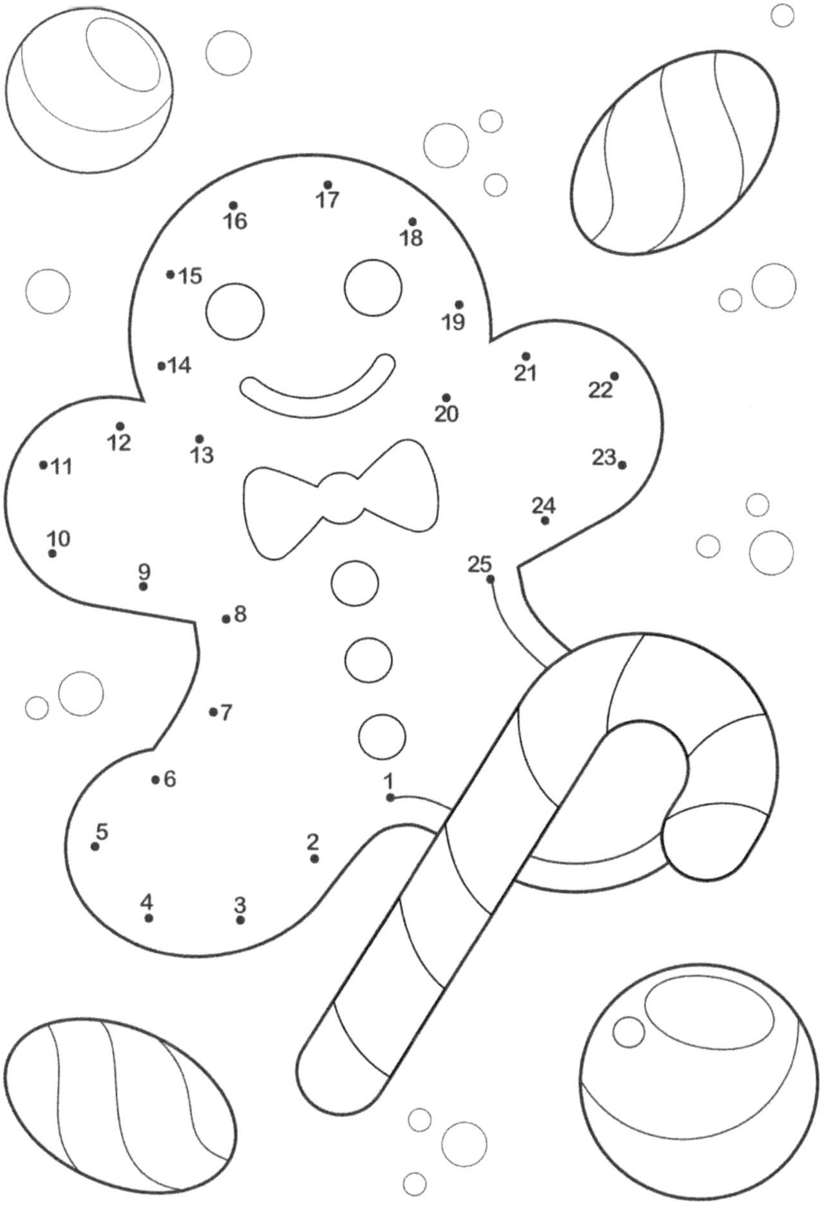

Colorie les décorations de l'arbre de Noël !

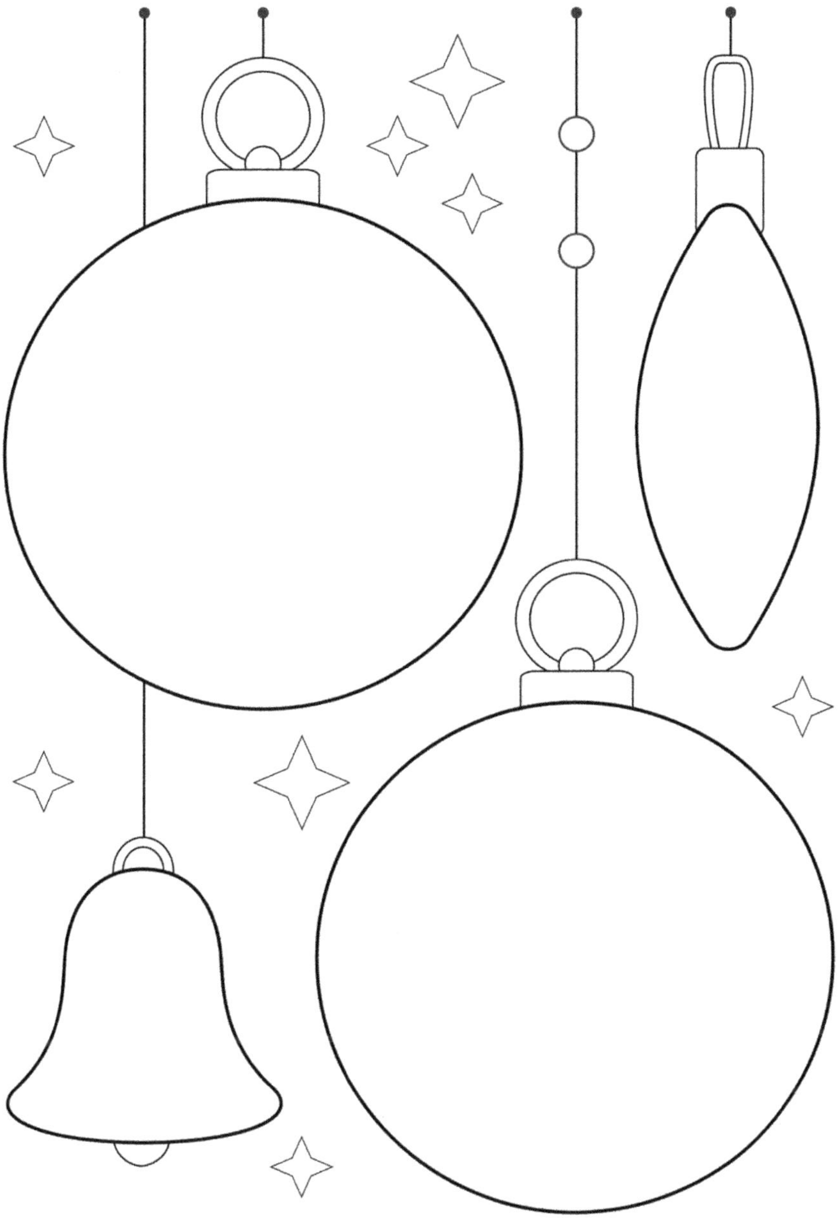

Trouve les . . .

Combien de bonbons tu trouves ?
Combien de flocons de neige tu comptes ?
Combien de paires de chaussettes tu peux trouver ?
Trouves le nez du bonhomme de neige !

Noël n'est pas un jour ni une saison, c'est un état d'esprit !

– Calvin Coolidge

Peux-tu trouver les 10 différences ?

Colorie l'image !

Traverse le labyrinthe du départ jusqu'à la sortie !

Relie les points !

Colorie l'arbre de Noël !

Trouve les . . .

Combien de biscuits tu trouves ?
Combien d'étoiles tu comptes ?
Trouve la cloche de Noël !
Combien de paires de gants tu peux trouver ?

À Noël, il est tout aussi important d'ouvrir notre coeur que d'ouvrir nos cadeaux ...

– Janice Maeditere

Peux-tu trouver les 10 différences ?

Colorie l'image !

Traverse le labyrinthe du départ jusqu'à la sortie !

Relie les points !

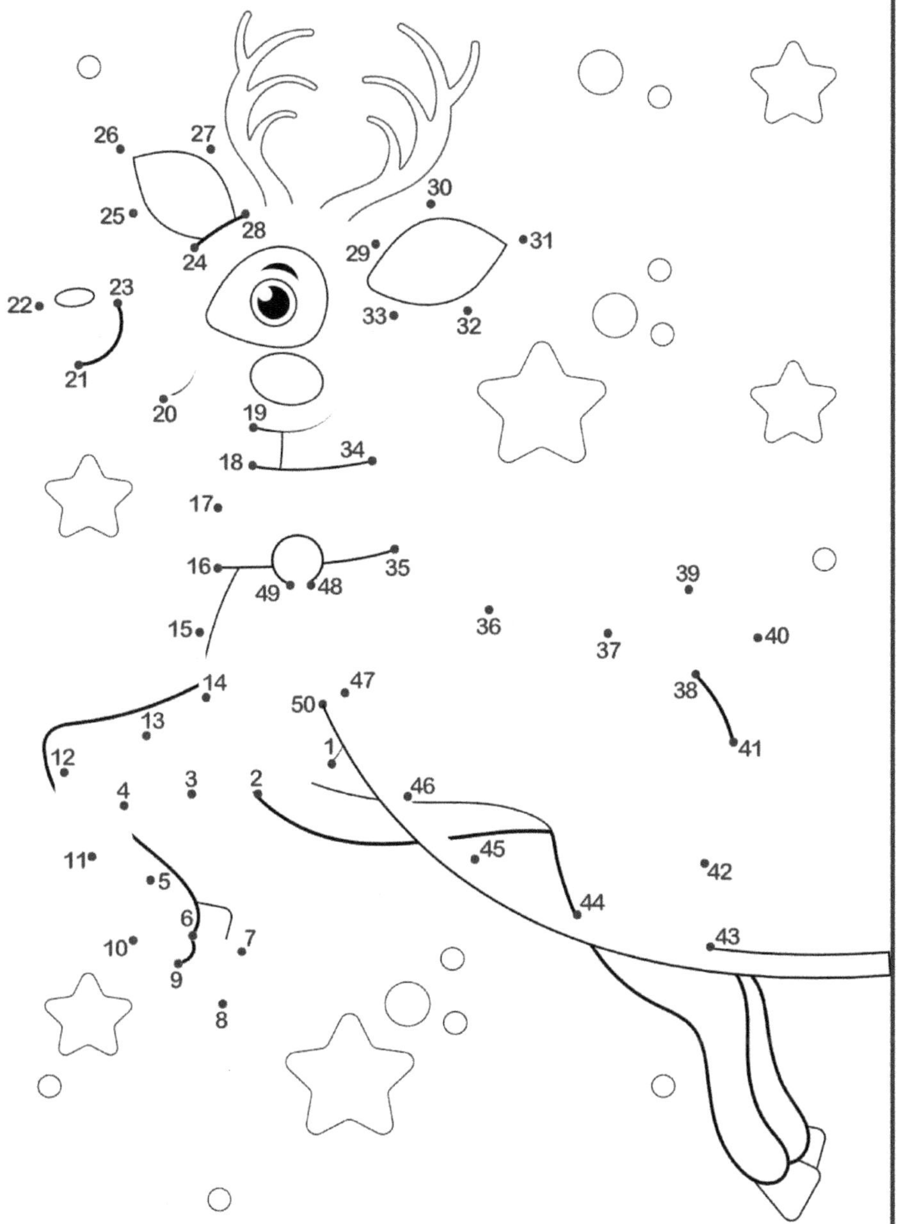

A quoi ressemble tes gants ?

Trouve les . . .

Combien de cadeaux tu peux trouver ? ____
Combien de cadeaux identiques tu peux compter ? ____
Combien de boîtes cadeau rondes il y en a ? ____
Trouve une décoration pour l'arbre de Noël !

Qu'est-ce qui a trente-quatre jambes, neuf têtes et deux bras?

Le Père Noël et ses rennes.

– Euroclub Schools

Peux-tu trouver les 10 différences ?

Colorie les décorations de Noël !

Traverse le labyrinthe du départ jusqu'à la sortie !

Relie les points !

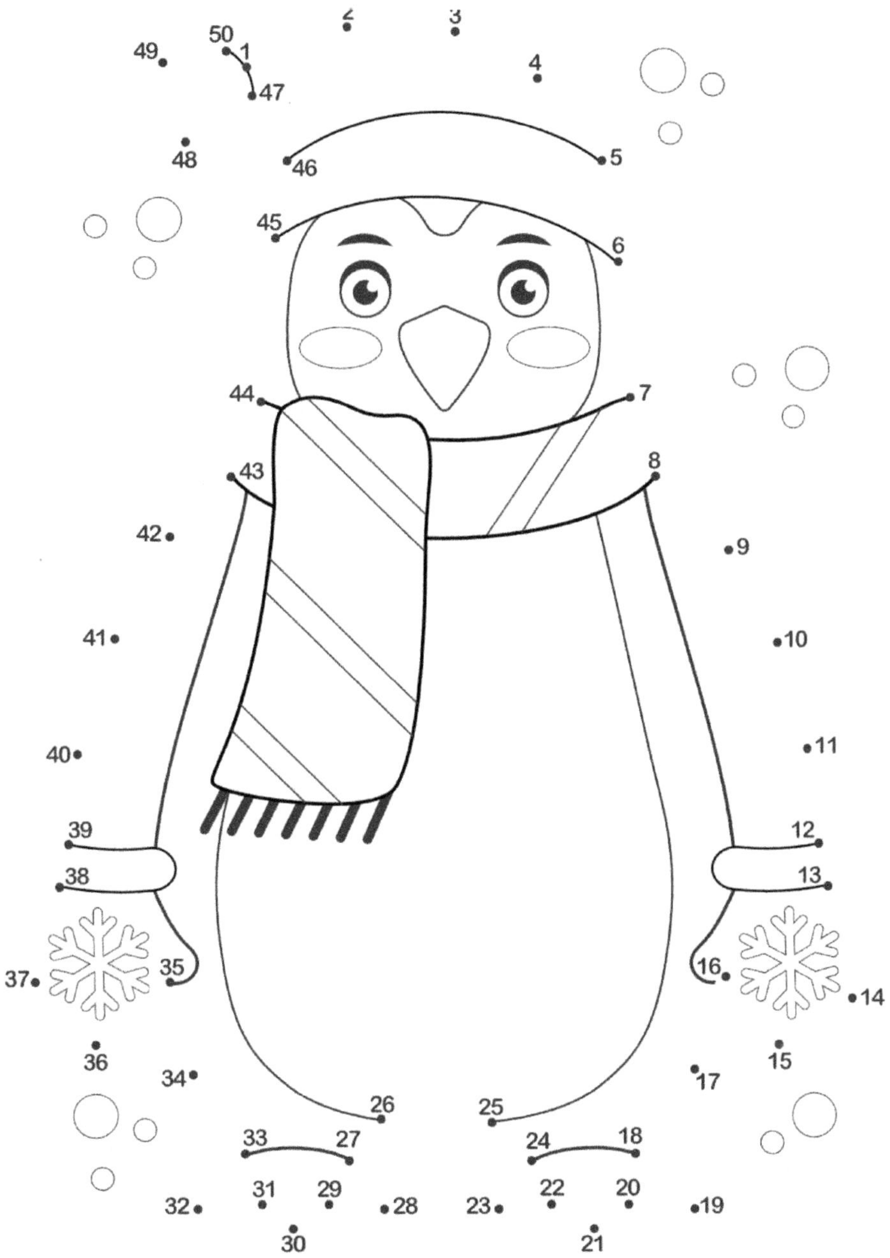

Décore et remplis la chausette de Noël !

Trouve les . . .

Combien de sapins tu peux trouver ?
Combien de biscuits rayés tu peux trouver ?
Trouve les bonbons de Noël !
Combien de cloches identiques tu peux trouver ?

À Noël, tous les chemins mènent à la maison.

– Marjorie Holmes

Peux-tu trouver les 10 différences ?

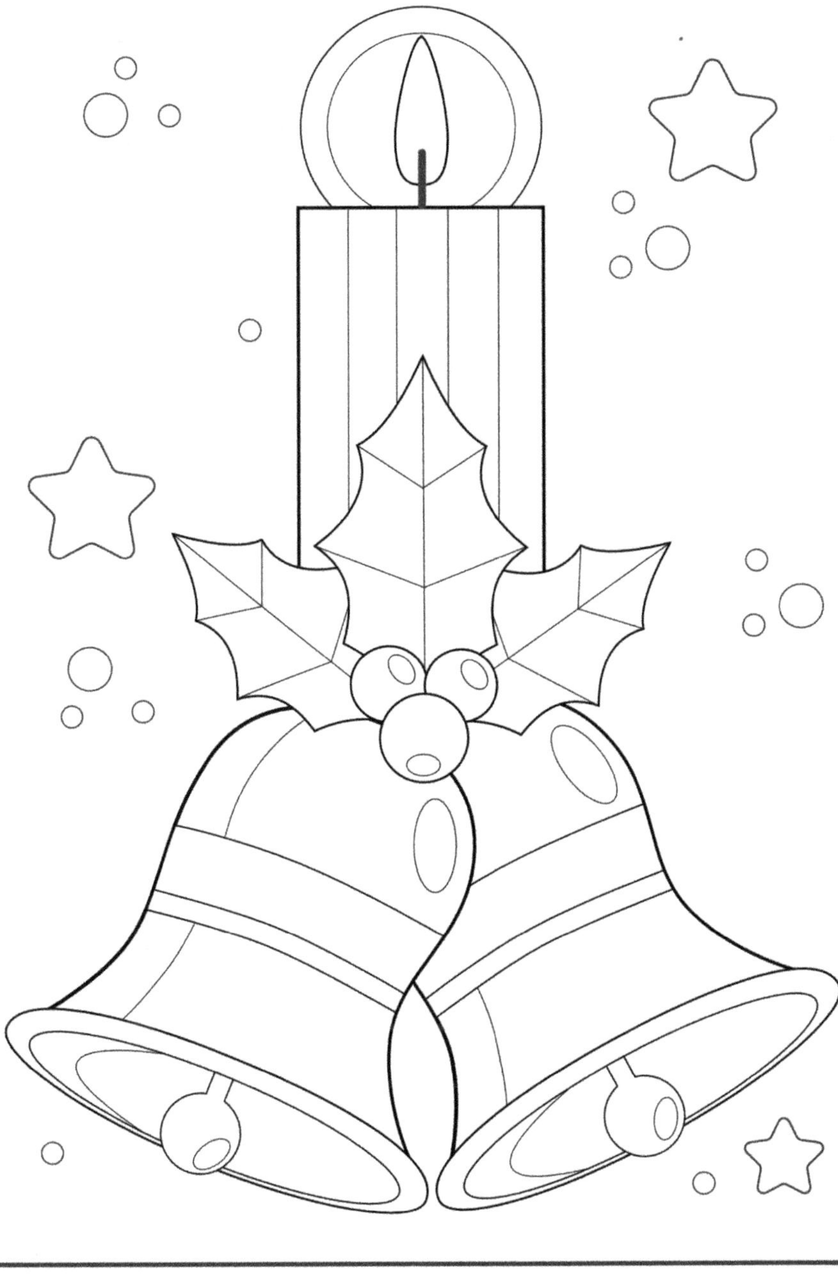

Colorie le Casse-noisette !

Traverse le labyrinthe du départ jusqu'à la sortie !

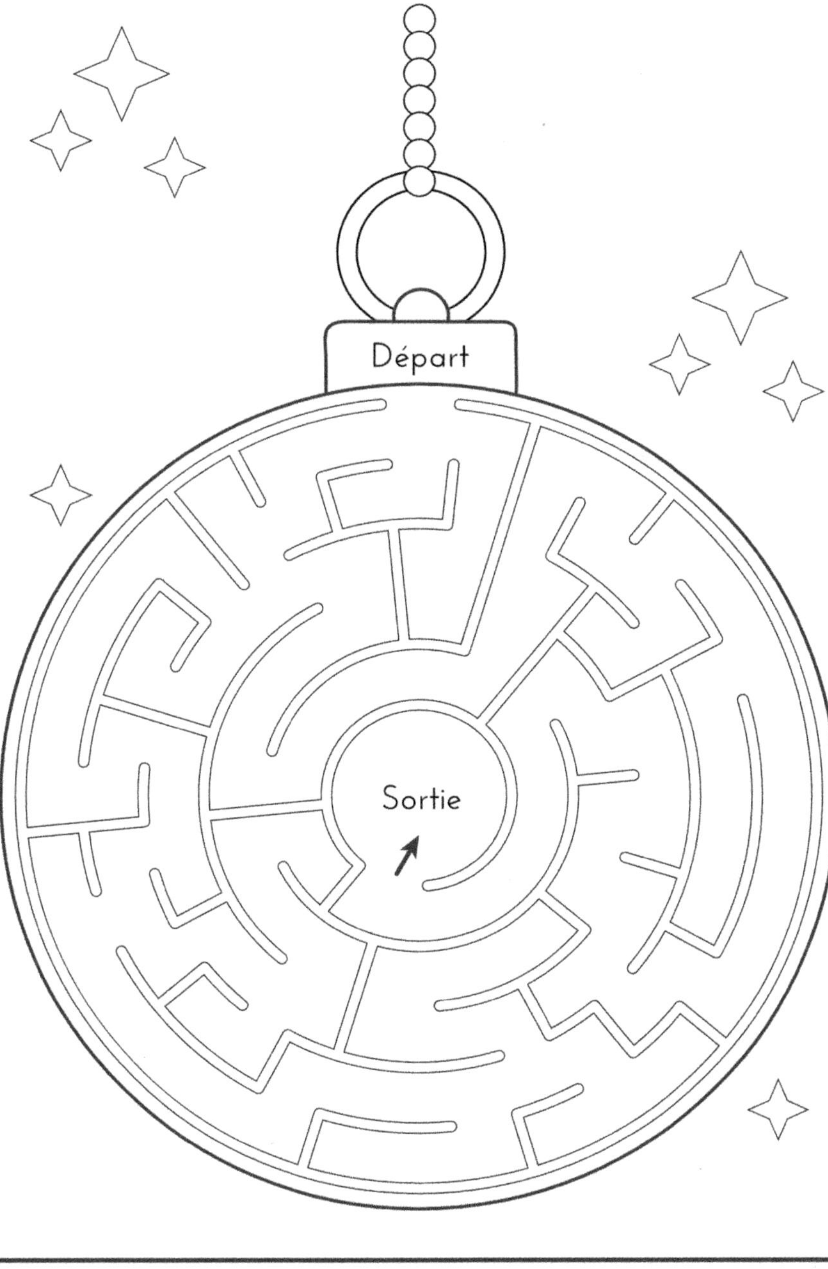

Relie les points !

Complète le bonhomme de neige !

Trouve les . . .

Combien de tasses de cacao tu peux trouver ?
Combien de bonnets identiques tu vois ?
Trouve la rondelle de hockey !
Combien de gants avec une étoile y a-t-il ?

Joyeux Noël

et une bonne nouvelle année !

Peux-tu trouver les 10 différences ?

Voilà, ici tu trouves les pages avec les solutions !

Traverse le labyrinthe du départ jusqu'à la sortie !

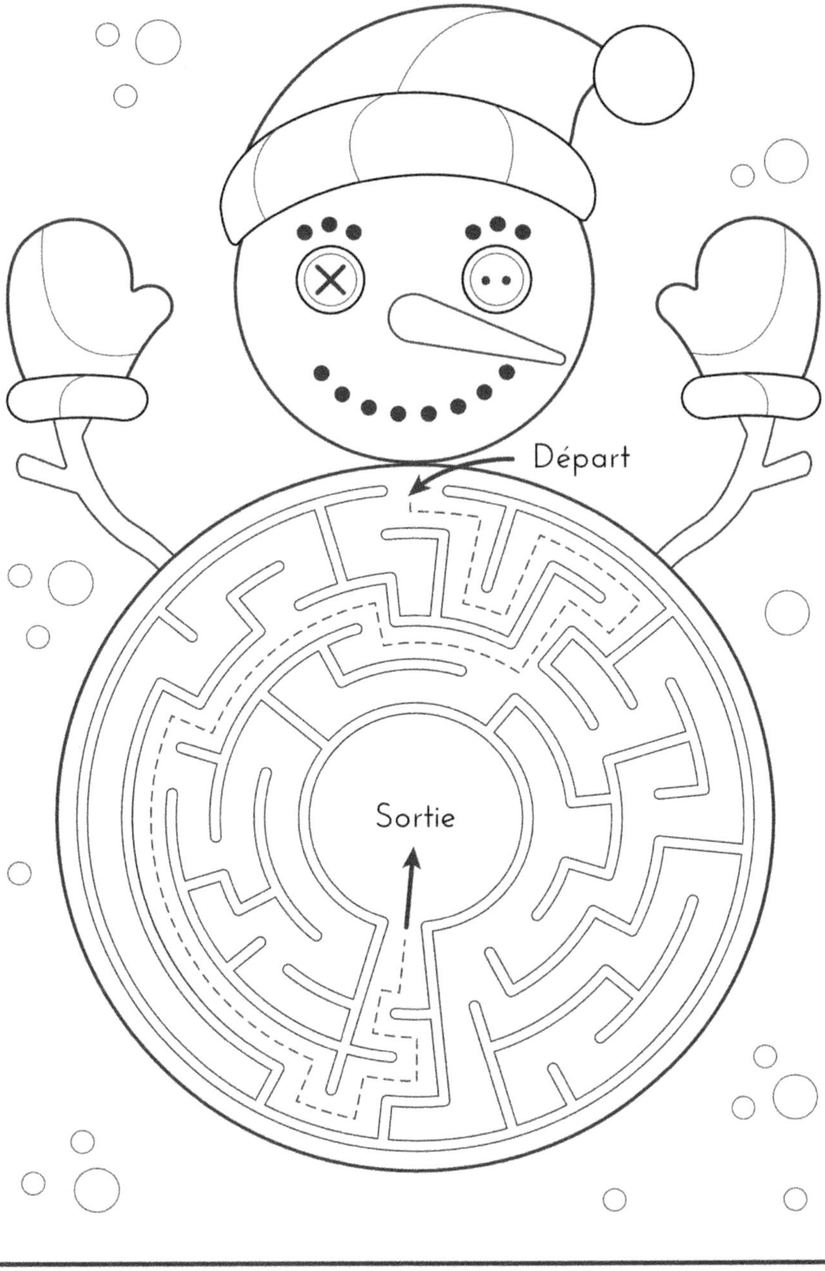

Trouve les . . .

Combien de bonbons tu trouves ?
10
Combien de flocons de neige tu comptes ?
7
Combien de paires de chaussettes tu peux trouver ?
2
Trouves le nez du bonhomme de neige !

Peux-tu trouver les 10 différences ?

Traverse le labyrinthe du départ jusqu'à la sortie !

Trouve les . . .

Combien de biscuits tu trouves ?
5
Combien d'étoiles tu comptes ?
12
Trouve la cloche de Noël !
2
Combien de paires de gants tu peux trouver ?

Peux-tu trouver les 10 différences ?

Traverse le labyrinthe du départ jusqu'à la sortie !

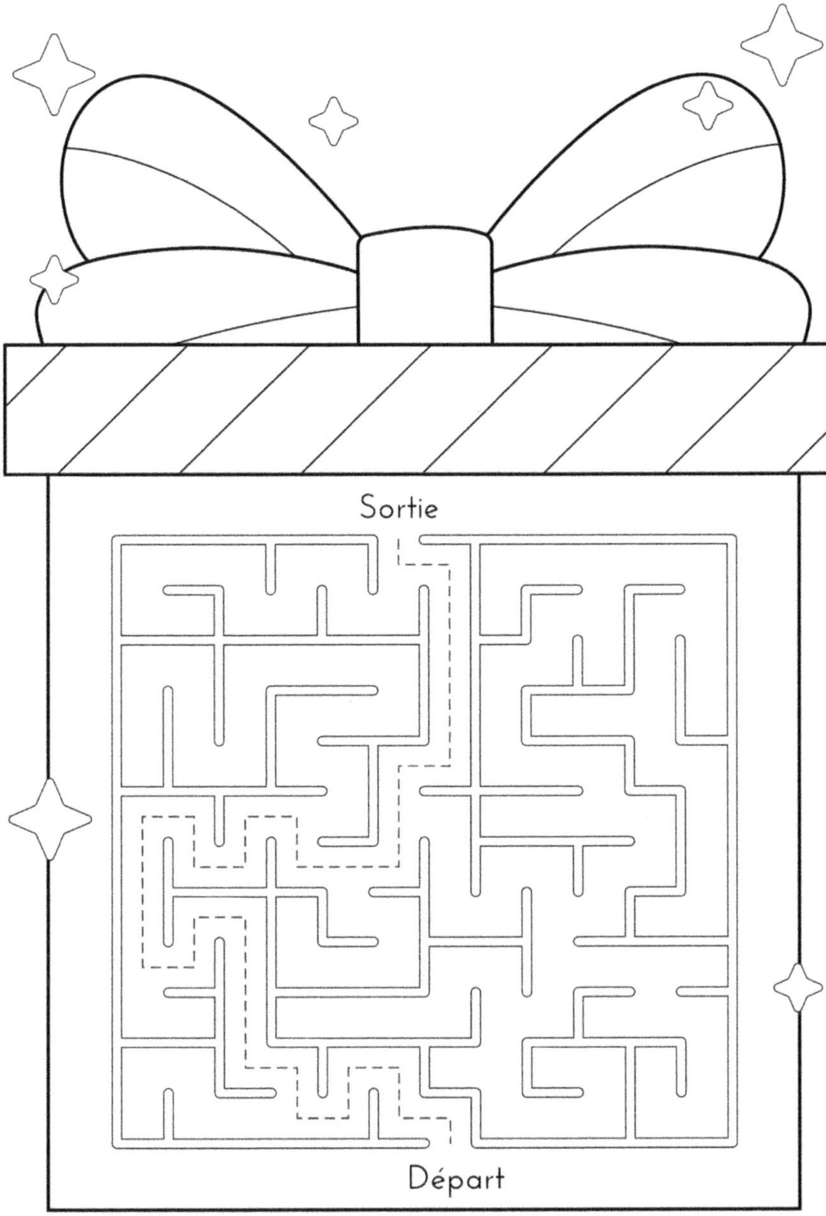

Trouve les . . .

Combien de cadeaux tu peux trouver ?
10
Combien de cadeaux identiques tu peux compter ?
3
Combien de boîtes cadeau rondes il y en a ?
3
Trouve une décoration pour l'arbre de Noël !

Peux-tu trouver les 10 différences ?

Traverse le labyrinthe du départ jusqu'à la sortie !

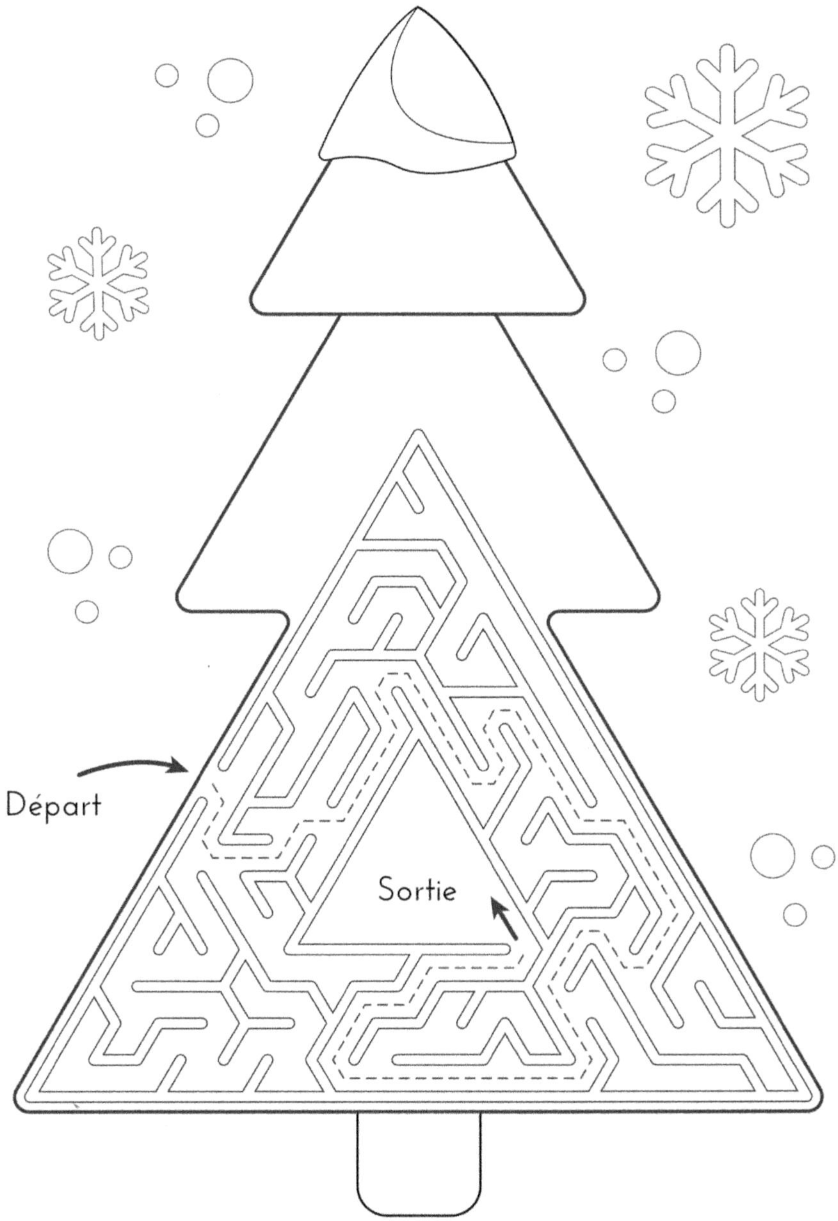

Trouve les . . .

5
Combien de sapins tu peux trouver ?
10
Combien de biscuits rayés tu peux trouver ?
Trouve les bonbons de Noël !
2
Combien de cloches identiques tu peux trouver ?

Peux-tu trouver les 10 différences ?

Traverse le labyrinthe du départ jusqu'à la sortie !

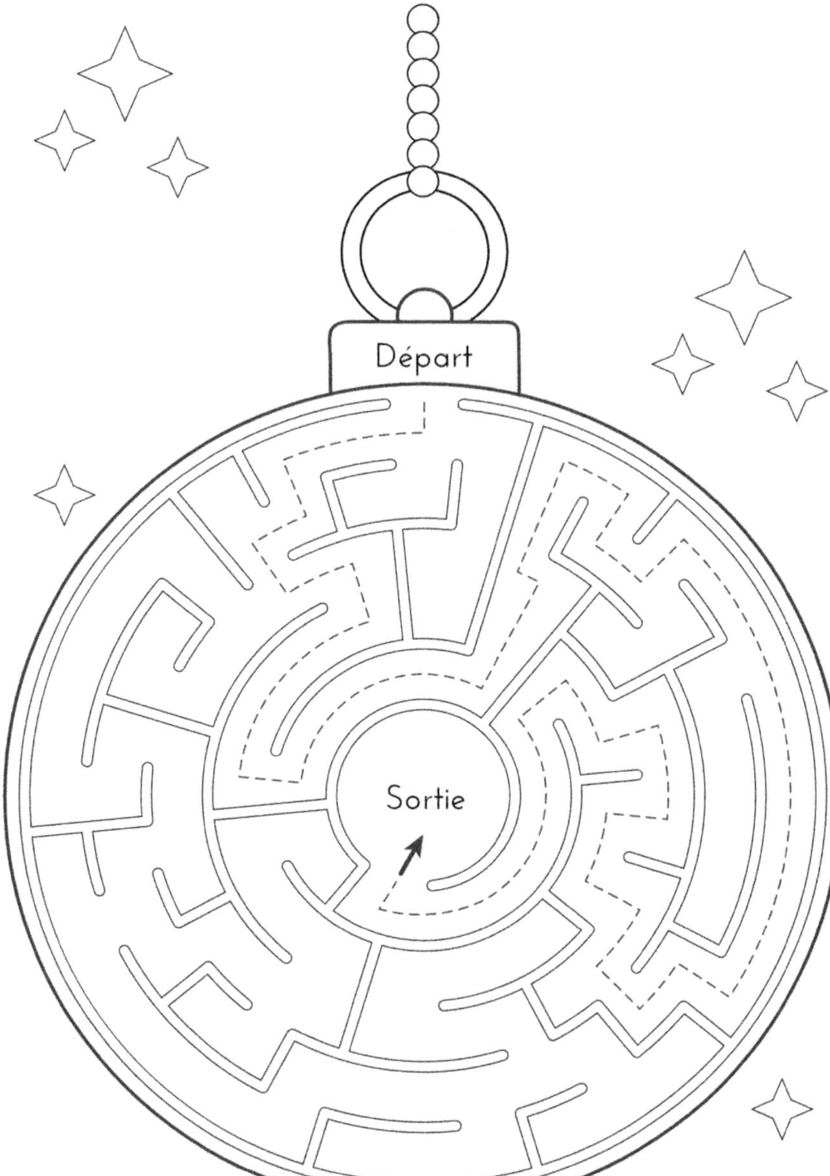

Trouve les . . .

Combien de tasses de cacao tu peux trouver ?
6
Combien de bonnets identiques tu vois ?
3
Trouve la rondelle de hockey !
Combien de gants avec une étoille y a-t-il ?
3

Peux-tu trouver les 10 différences ?

SENSATIONNEL – tu as réussi, bravo !

Tu as terminé les jeux et bricolages, tu as aussi rendu chaque page vibrante et colorée.

Top !!!

Si tu as aimé ce livre, nous aimons l'entendre.
Laissez nous volontairement votre avis.
Les avis sont très importants pour le succès de nos livres et bien entendu, aussi pour nous.

Nous tenons à vous remercier pour l'achat de notre livre de Noël et nous vous souhaitons joyeuses fêtes !

ISBN (AMZ): 9798576511815

ISBN: 9783967720501

Page de couverture et illustrations par Inna Nastenko.

Publié par Admore Publishing:

Roßbachstraße 6, Berlin, Germany.

www.publishing.admore-marketing.com

Lightning Source UK Ltd.
Milton Keynes UK
UKHW021142211222
414263UK00018B/1200

9 783967 720501